Einsterns Schwester

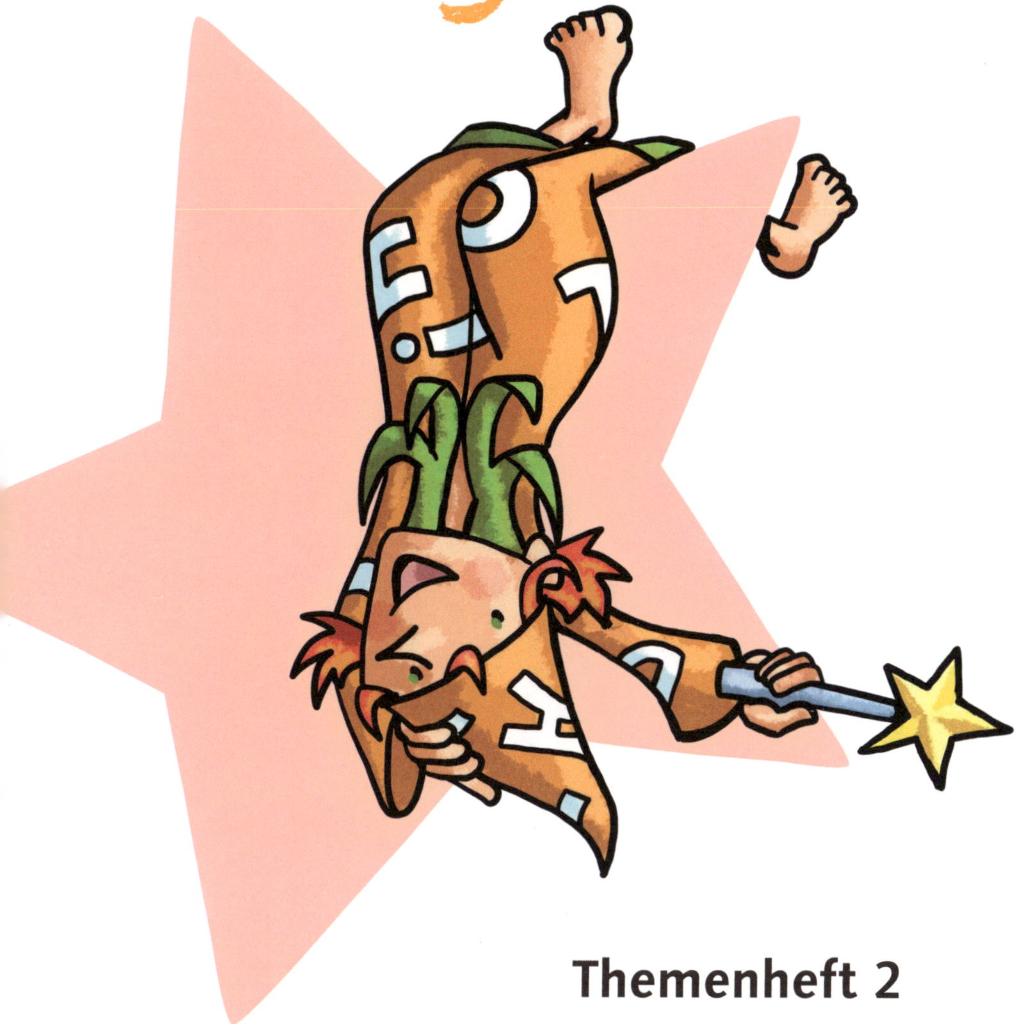

2

Themenheft 2

★ Richtig schreiben

Herausgegeben von
Roland Bauer, Jutta Maurach

Erarbeitet von
Katrin Baudendistel, Daniela Dreier-Kuzuhara, Alexandra Schwaighofer

In Zusammenarbeit mit
der Redaktion Grundschule Deutsch 2–4

Inhaltsverzeichnis

Ich bin Lola und helfe dir mit Profitipps.

So kannst du mit den Heften arbeiten

Du machst alle
Seiten der Lernportion **1**.

Zuerst im
grünen Heft.

Dann im
roten Heft.

Dann im
gelben Heft.

Und dann im
blauen Heft.

Danach machst du in
allen Heften die Lernportion **2**.

Nun machst du in
allen Heften die Lernportion **3**.

Genauso bearbeitest du
alle anderen Lernportionen.

In diesem Heft
kannst du den
Grundwortschatz
vertiefend üben.

② Schreibe die Nomen.

Zeichne die Silbenbögen ein.

Es sind insgesamt 12 Silbenbögen.

Tafel	Schultasche	Pinsel

Tisch	Kalender	Buch

Silbenschwingen hilft beim richtigen Schreiben:
Gemüse, Schokolade.

  ①

Me · lo · ne

② Sprich deutlich, schwinge und
schreibe die Nomen.
Zeichne die Silbenbögen ein.
Es sind insgesamt 16 Silbenbögen.

Heft 2, S. 6 ②
Salami, …

Lernportion 1: Mit Silben arbeiten

Plenum: beschreiben, warum das Mitsprechen und Silbenschwingen dabei hilft, die Wörter richtig zu schreiben,
erste Rechtschreibstrategien anbahnen

6

> Jede Silbe hat einen **Silbenkern**.
> Silbenkerne können sein:
> • a, e, i, o, u (Vokale, Selbstlaute),
> • ä, ö, ü (Umlaute),
> • au, ei, eu (Zwielaute).

① Schreibe die Nomen in dein Heft.
Zeichne die Silbenbögen ein.
Markiere die Silbenkerne.

Blume	Minute	Telefon	Flöte

Papagei	Brüder	Käfer	Daumen

Heft 2, S. 7 ①
Blume, ...

② Schreibe die Nomen vollständig auf.
Zeichne die Silbenbögen ein.
Markiere die Silbenkerne.

Heft 2, S. 7 ②
A: Fledermaus, B: ...

A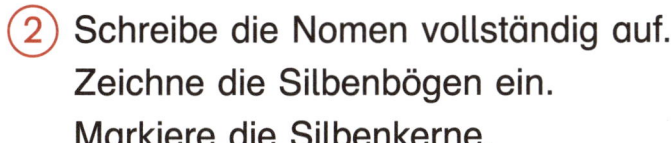

Fl☆d☆rm☆s

B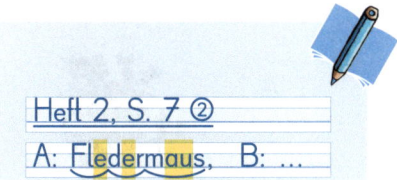

H☆s☆

Nutze immer eine helle Farbe, wenn du etwas markierst.

C

B☆ch☆r

D

L☆t☆r

① Schreibe zu den Silbenkernen das passende Wort auf. Zeichne die Silbenbögen ein.

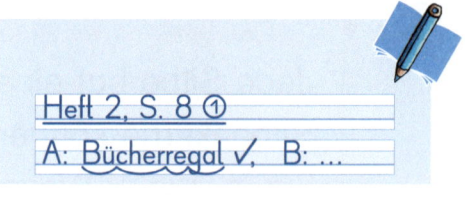

Heft 2, S. 8 ①
A: Bücherregal ✓, B: ...

A	ü e e a

B	a a e ei

C	au e o

D	i o e a

E	o a e a

F	i e a e

Bauernhof   Tomatensalat   Bananeneis

Zitronensaft   Bücherregal   Wintermantel

② Sprich deutlich und schwinge. Zeichne die Silbenbögen. Es sind insgesamt 16 Silbenbögen. Trage die Silbenkerne ein.

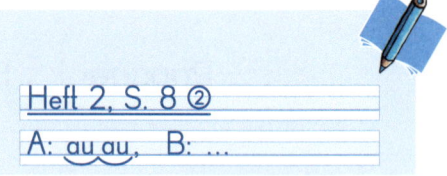

Heft 2, S. 8 ②
A: au au, B: ...

A		B		C	
	Baumhaus		Gemüse		Käfer

D		E		F	
	Reiter		Seifenblase		Rakete

 ③

Lernportion 1: Mit Silben arbeiten

  1 Lies die Spielanleitung. Spiele das Silbenspiel.

Du brauchst: Spielfiguren

Spielanleitung: Suche dir ein Partnerkind. Nenne ein Nomen, das zum Thema **Schule** passt. Bestimme die Anzahl der Silben. Gehe mit deiner Spielfigur um die Anzahl der Silben vor. Nun ist dein Partnerkind an der Reihe. Wer auf ein farbiges Feld kommt, rutscht die Leiter herunter. Wer zuerst am Ziel ist, hat gewonnen.

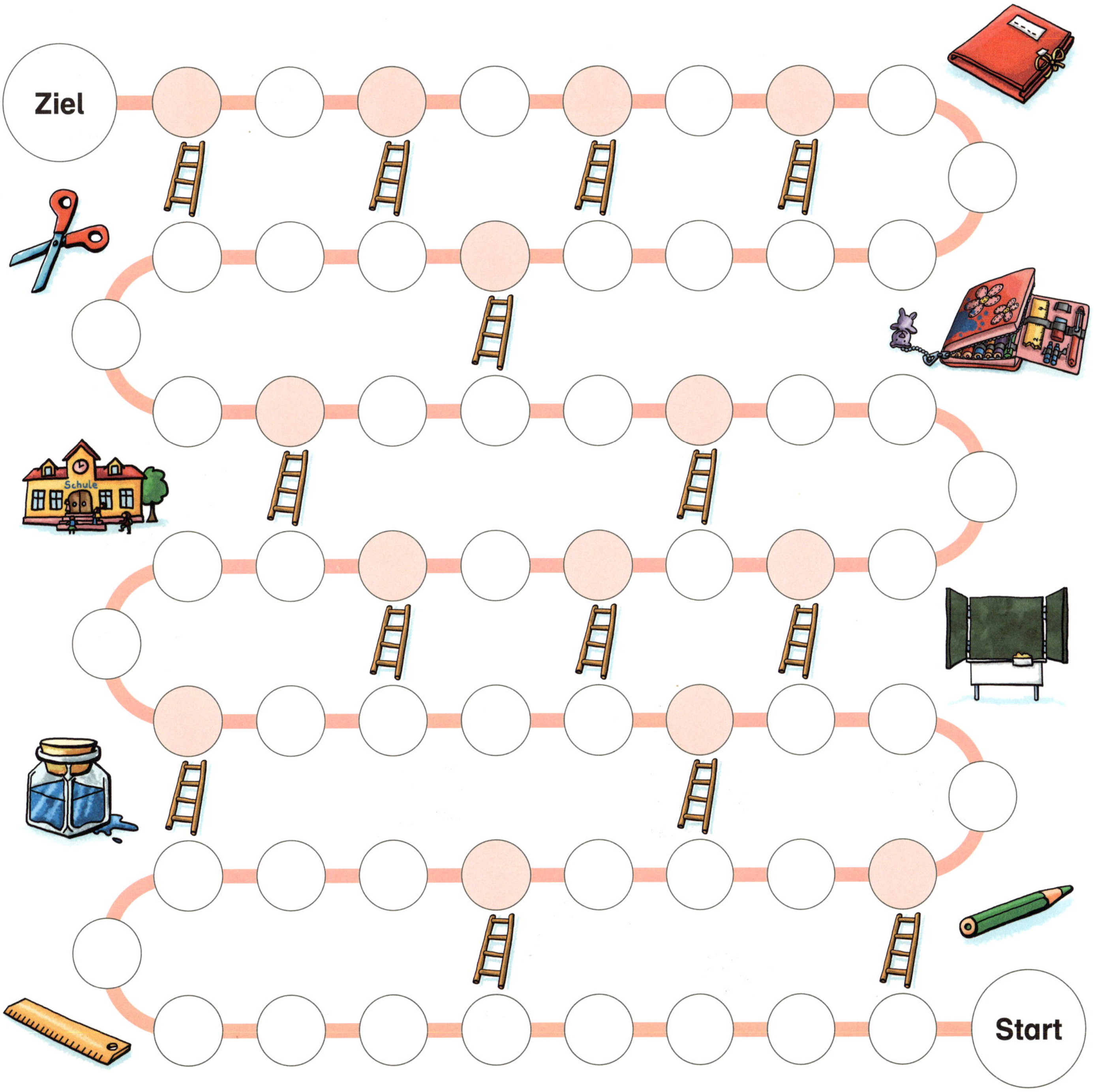

Ziel

Start

1 Setze die Silben zu Nomen zusammen.
Zeichne die Silbenbögen ein.
Markiere die Silbenkerne.

Heft 2, S. 10 ①
Himmel, …

Him	In	Se	Ha	Wa	Blu

fen	gen	mel	men	gel	sel

2 Lies einem Partnerkind die Nomen laut vor.
Überlegt, welchen Buchstaben ihr beim Sprechen kaum hört.

Apfel	Igel	Nebel	Rücken	Boden	Daumen

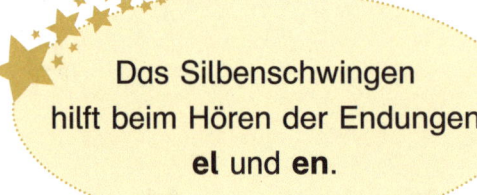

Das Silbenschwingen
hilft beim Hören der Endungen
el und **en**.

husten
der Regen
der Flügel

① Setze die Silben zu Nomen zusammen.
Zeichne die Silbenbögen ein.

Heft 2, S. 11 ①
Kinder, ...

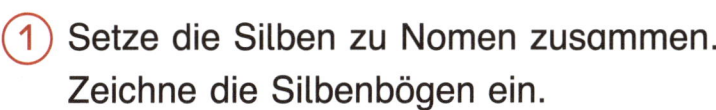

Schwes

Kin

Klei

Lei   **ter**   **der**   Hams

Bru   Fe

Fens

② Lies die Nomen laut.
Schreibe die Wörter.
Unterstreiche die Endung er.

Heft 2, S. 11 ②
Kalender ✓, ...

Kalender   Körper   Winter

Tochter   Bilder

Ich höre am Ende **a**
und schreibe **er**.

der Computer
der Käfer
unter

Lernportion 1: Mit Silben arbeiten

Plenum: beim Silbenschwingen darstellen, dass die Endungen *el*, *en* und *er* Wortbausteine sind, die durch das Schwingen hörbar werden;
den Umgang und Erfahrungen mit der Lernwörterkartei beschreiben

AH 7   11

① Schreibe zu den Silbenkernen
die passenden Reimwortpaare auf.
Zeichne die Silbenbögen ein.

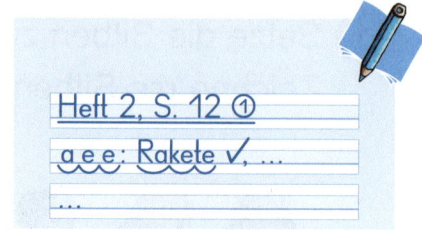

Reimwörter
haben die gleichen
Silbenkerne.

a e e	o	a e	u e
Rakete	Knopf	Tasche	Suppe
Kopf	Puppe	Tapete	Flasche

 ②

Fisch!

Tisch!

...

...

Ein **Zwielaut** besteht aus zwei Vokalen (Selbstlauten) oder aus einem Umlaut und einem Vokal (Selbstlaut). Zwielaute sind au, ei, eu, äu:

Auge, Kleid, Euro, Verkäufer.

  ①

② In jeder Zeile reimen sich zwei Wörter.
Schreibe die Wörter auf.
Markiere jeweils den Zwielaut Au/au.

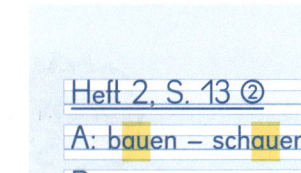

Heft 2, S. 13 ②
A: bauen – schauen
B: ...

A	bauen	braun	schauen	blau	laut

B					

C	Raum			Bauer	Strauch

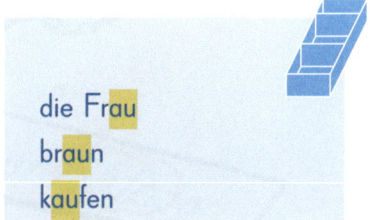

die Frau
braun
kaufen

D		Kraut		Auto	Haut

1 Bilde die Nomen und schreibe sie auf.
Markiere den Zwielaut Ei/ei.

Heft 2, S. 14 ①
Kleid, …

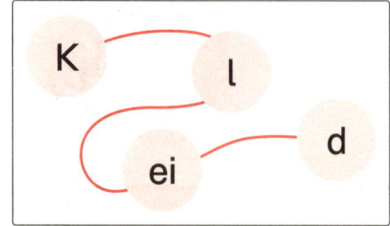
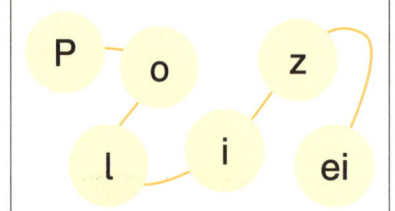
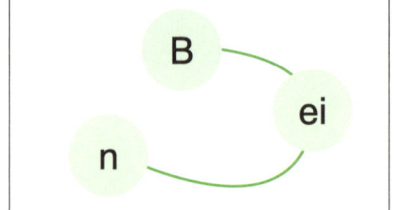

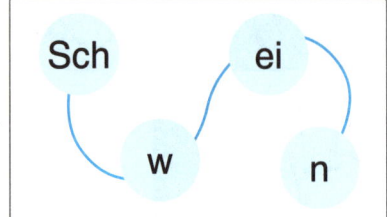
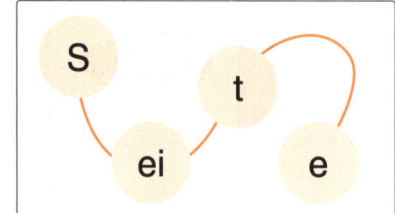
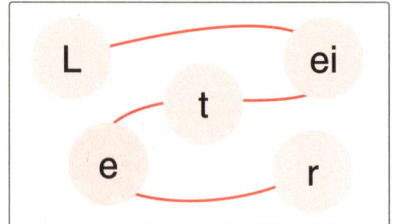

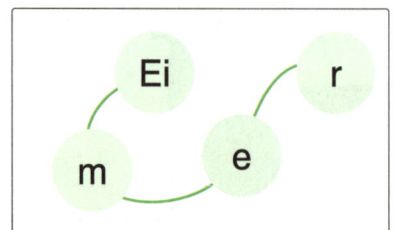
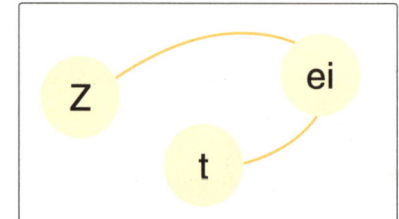
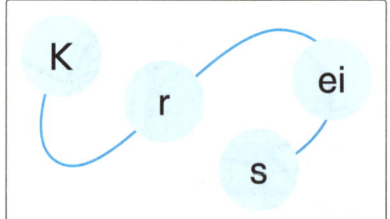

2 Welche Wörter mit **ei** habe ich versteckt?

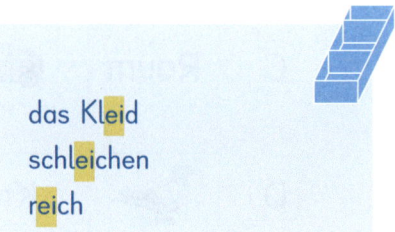

das Kleid
schleichen
reich

Lernportion 2: Ein Laut – mehrere Buchstaben

MK-Tipp: eine Liste mit Wörtern mit Ei/ei am Computer erstellen

① Lies die Wörter und setze dabei Eu/eu oder au richtig ein.

⭐ro	D⭐men	⭐le
h⭐te	bl⭐	Fr⭐ndin
Str⭐ch	Fr⭐de	n⭐n

② Schreibe aus ① nur die Wörter mit Eu/eu
in dein Heft. Markiere den Zwielaut Eu/eu.

Heft 2, S. 15 ②
Euro, …

③ Lest abwechselnd Satz für Satz.
Setzt dabei die Wörter passend ein.

heute	neues	freuen

neugierig	Freunde

Das neue Kind

Die 2b soll ☐ ein ☐ Kind bekommen.

Alle sind ☐ : Ist es ein Mädchen oder ein Junge?

Frau Reuter betritt mit einem Mädchen die Klasse.

„Das ist Lara, ihr werdet bestimmt bald

☐ werden", sagt die Lehrerin.

Die anderen Mädchen ☐ sich.

Endlich können sie eine komplette

Fußballmannschaft gegen die Jungen

aufstellen!

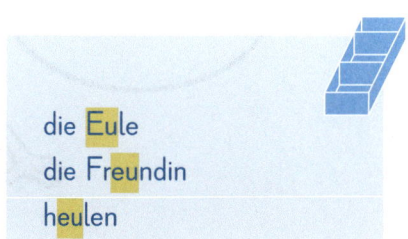

die Eule
die Freundin
heulen

1 Schreibe die Sätze auf und ergänze dabei
die Zwielaute au, ei und eu.
Markiere die Zwielaute.

Heft 2, S. 16 ①
A: Der kleine Affe ...
B: ...

A Der kl⭐ne Affe frisst die Banane.

B An der M⭐er krabbeln viele Am⭐sen.

C Der Lehrer t⭐lt die Z⭐gnisse aus.

D Lisa hat in ihrem bl⭐en B⭐tel bunte Murmeln.

E In der Sch⭐ne ist ein F⭐er ausgebrochen.

2 Bilde passende Sätze zu dem Bild.
Markiere die Zwielaute
au, ei und eu.

Heft 2, S. 16 ②
Die Taube sitzt ...

3 Bildet abwechselnd Sätze mit möglichst vielen Zwielauten.

Mein Freund
heißt Paul.

Lernportion 2: Ein Laut – mehrere Buchstaben

So schreibe ich Wörter ab

1. Ich lese jedes Wort.
2. Ich spreche das Wort in Silben.
3. Ich merke mir jede einzelne Silbe.
4. Ich schreibe das Wort Silbe für Silbe auf.
5. Ich vergleiche das Wort genau mit der Vorlage.
6. Ich verbessere das Wort, wenn nötig.

① Schreibe die Wörter ab.
Unterstreiche ch.

Heft 2, S. 17 ①
Mädchen ✓, …

Mädchen	Buch	acht	Drache

rechnen	versuchen	Woche	Frucht

  ②

Licht
Bach
Fach
riechen
Gesicht
machen
mich
lachen
…

das Dach
welche
gleich

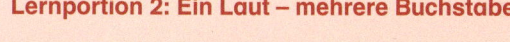

Lernportion 2: Ein Laut – mehrere Buchstaben

Plenum: das Vorgehen beim Abschreiben beschreiben; die Lautqualität von ch durch Gegenüberstellung
beschreiben und unterscheiden
MK-Tipp: eine Liste mit Wörtern mit ch am Computer erstellen

 17

①

Bank
bringen
Enkel
Junge
Stange
dunkel
Anfang
lenken

ng	nk
bringen	Bank

Enkel

② Schreibe die Sätze vollständig auf.

krank	Finger	Stängel

Ring	danken	Onkel

Heft 2, S. 18 ②
A: Die Sonnenblume hat
   einen langen Stängel. ✓
B: ...

A Die Sonnenblume hat einen langen ▮.

B Anna hat Fieber. Sie ist ▮.

C Du hast mir sehr geholfen, ich möchte dir ▮.

D Wir haben fünf ▮ an einer Hand.

E Mein ▮ trägt einen ▮ am Finger.

der Engel
eng
sinken

①

·	Quark		quietscht laut.	·
Tim		ist gesund.	
Die Tür		quatscht im Unterricht.	
Ein Frosch		sprudelt aus der Quelle.	
Eine Qualle		quakt am Teich.	
Wasser		hat viele Fangarme.	

Quark ...

② Schreibe drei Sätze aus ① auf, die stimmen.
Markiere Qu / qu.

Heft 2, S. 19 ②
...

der **Qu**ark
quaken
be**qu**em

1 Lies die Wörter und setze dabei Sp/sp oder St/st richtig ein.

Sp oder St?

| die ⭐ufe | die ⭐itze | die ⭐inne | die ⭐unde |

| der ⭐ern | der ⭐ein | der ⭐ort | der ⭐iegel |

sp oder st?

| ⭐ehen | ⭐ören | ⭐ülen | ⭐ringen |

| ⭐aunen | ⭐aren | ⭐ellen | ⭐rechen |

2 Schreibe aus ① nur die Wörter mit St/st in dein Heft. Unterstreiche St/st.

Heft 2, S. 20 ②
die Stufe, ...

Ich spreche und höre **schp** und **scht**, aber ich schreibe **sp** und **st**.

3 Lest abwechselnd Satz für Satz. Setzt dabei die Wörter passend ein.

| spielen | streiten | Spaß | Spiel | spinnst |

Tom und Lisa ▮ ein ▮ am Computer.

Tom steuert geschickt und gewinnt.

Lisa wird sauer und fängt an zu ▮:

„Du gewinnst immer. Mit dir macht es

gar keinen ▮ zu spielen", ruft sie.

Tom meint: „Du ▮!"

der Spaziergang
stehen
still

 ① Suche die sechs Nomen mit **x**.
Schreibe sie mit ihrem bestimmten Artikel auf.
Markiere **x**.

Heft 2, S. 21 ①
die Axt, …

A	X	T	H	E	R	O	P	Z	B	N	X
X	D	W	Q	Ä	M	E	X	O	L	T	S
V	Z	T	U	P	E	X	L	X	Y	W	N
Ü	X	Y	L	H	E	X	E	B	G	M	A
I	O	Z	T	W	E	R	Q	T	A	P	I
M	Ä	P	B	O	X	E	R	G	R	E	P
Z	M	N	U	I	A	O	T	A	X	I	J
M	K	T	E	X	T	Y	A	M	N	B	U
R	L	E	X	I	K	O	N	V	B	N	M
R	A	O	Z	E	L	E	N	H	I	U	S

② Eine Märchenfigur mit Besen ist …

… eine Hexe.

Wörter mit **x** sind Merkwörter.

boxen M
die Hexe M
die Lexikon M

Lernportion 3: Besondere Laute

MK-Tipp: eine Liste mit Wörtern mit X/x am Computer erstellen

So schreibe ich ein Partnerdiktat

1. Ich diktiere einem anderen Kind langsam und deutlich jedes Wort.
2. Danach kontrollieren wir gemeinsam Buchstabe für Buchstabe.
3. Ich verbessere, wenn nötig.
4. Zum Schluss tauschen wir die Rollen.

① Lies die Wörter.
Ordne die Wörter in die Tabelle ein.

Vogel	Vase	Vater
Vampir	Verkehr	Vulkan
Klavier	vier	Kurve
viele	von	November

Heft 2, S. 22 ①

V/v wie in Vogel	V/v wie in Vase
Vogel ✓	Vase ✓
...	...

V/v hört sich mal wie **f** und mal wie **w** an.

  ②

der Vater, der Vogel

der November
der Verkehr
versuchen

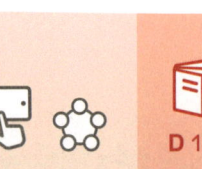 

D 17

Lernportion 3: Besondere Laute

Plenum: die Vorgehensweise beim Partnerdiktat und seine Anwendung als gute Möglichkeit beschreiben, Merk- bzw. Lernwörter zu üben
MK-Tipp: eine Tabelle am Computer erstellen

AH 20

1 Lest euch gegenseitig das Gedicht vor.
Setzt die Wörter ein.

Zeh   weh   Fee   Bett

A B C D E F G

Tun denn Hausaufgaben  ?

H I J K L M N O P

Auf meinem Pudding tanzt 'ne  .

Q R S T U V W

Haben Flöhe einen  ?

X Y und Z

Oh Schreck, ein Elefant in meinem  !

Mit einem Reim kann ich mir Dinge besser merken.

 2

Schnee!

ABCDEFG Im Winter spielen wir im

So schreibe ich Sätze ab

1. Ich lese den Satz genau.
2. Ich teile den Satz in Abschnitte, die ich mir merken kann.
3. Ich merke mir einen Abschnitt.
4. Ich schreibe jeden Abschnitt auswendig auf.
5. Ich vergleiche den Satz genau mit der Vorlage
   und verbessere, wenn es nötig ist.

① Lies das rote und das grüne Gedicht.
Schreibe das Gedicht ab, das dir besser gefällt.

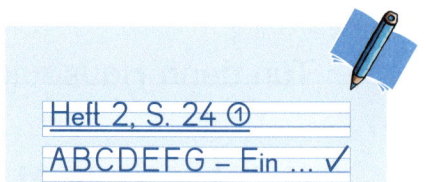

Heft 2, S. 24 ①
ABCDEFG – Ein ... ✓

ABCDEFG

Ein Häschen spielt im kalten Schnee.

Ein Kater fährt durch Schnee.

HIJKLMNOP

Jetzt niest es und sein Hals tut weh.

Auf einem Schlitten. Doch oh weh!

QRSTUVW

Papa-Hase sagt: „Trink viel heißen Tee!

Er ist zu schnell und ruft: „Los, steh!"

XY und Z

Und leg dich gleich ins warme Bett."

So laut, da wacht er auf und ist im Bett.

Die Buchstaben, die beim Sprechen alleine klingen, heißen **Vokale** (**Selbstlaute**): a, e, i, o, u. Die anderen Buchstaben heißen **Konsonanten** (**Mitlaute**).

Vokale heißen auch Selbstlaute.

1 Schreibe alle Wörter auf, die mit einem Vokal anfangen.

Heft 2, S. 25 ①
Uhr ✓, …

| Uhr | Ofen | lesen | uns | Heft | ihm |

| besser | Erde | Telefon | Omi | kochen | einer | Abend | und |

| Ufer | Vater | Nase | Obst | fehlen | ohne | gestern | trinken |

 **2**

Affe beginnt mit einem Vokal.

Bär beginnt mit einem Konsonanten.

1 Schreibe die Wortpaare auf.
Markiere die verwandelten Vokale.

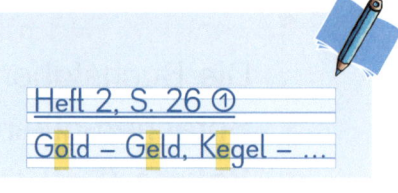
Heft 2, S. 26 ①
Gold – Geld, Kegel – ...

  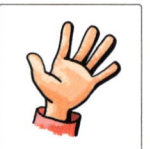 

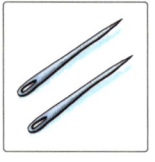   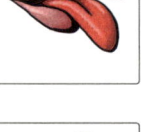

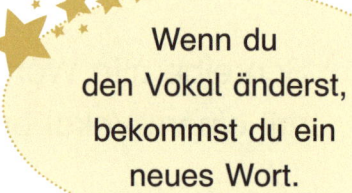
Wenn du den Vokal änderst, bekommst du ein neues Wort.

 2

Zunge!

1 Im rechten Bild fehlen sechs Dinge.
Schreibe die Nomen auf.
Unterstreiche alle Vokale.

| Kerze | Torte | Girlande | Becher | Krone | Gäste |

| Teller | Geschenk | Besteck | Buchstabe |

2 Ergänze die Vokale a, e, i, o, u in den Wörtern.
Schreibe die Wörter auf.

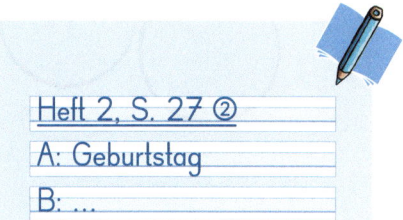

Wir feiern ein Fest

A   Heute ist mein G🎁burtstag.

B   Im Wohnzimmer hängt Mama eine G🎁rlande auf.

C   Der Geburtstagstisch ist f🎁stlich gedeckt.

D   P🎁pa hat eine Torte für mich gebacken.

E   Ich zünde die Kerzen auf der T🎁rte an.

F   Tim 🎁nd Lisa sind meine Gäste.

G   Alle s🎁ngen ein Lied für mich.

H   Ich bekomme viele G🎁schenke.

① Schreibe das Abc.
Ergänze die fehlenden Buchstaben.
Markiere die Vokale.

Heft 2, S. 28 ①
A, B, C, ...

 ②

1 Immer drei Kinder gehören zusammen.
Schreibe die Buchstabenreihen vollständig auf.

Heft 2, S. 29 ①
A, B, C
W, X, …

① Schreibe die Namen der Kinder nach dem Abc geordnet auf.

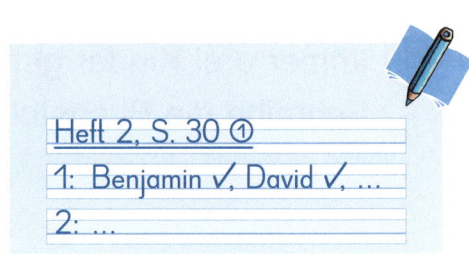

Heft 2, S. 30 ①
1: Benjamin ✓, David ✓, ...
2: ...

1

2

3

4

②

1 Vergleicht die beiden Plakate.
Besprecht, wie Tim und Lisa
die Wörter geordnet haben.

In der Wörterliste steht Amsel vor Ast.

Abend
Ast
Amsel
Boden
Dach

Abend
Amsel
Ast
Boden
Dach

2 Ordne die Wörter.
Achte immer auf den zweiten Buchstaben
und unterstreiche ihn.

Heft 2, S. 31 ②
Ampel ✓, ...

Axt ★ Ampel ★ Ast

Post ★ Papier ★ Pflaume

Schatz ★ Saal ★ Sekunde

 3 Finde selbst drei Wörter, die man nach
dem zweiten Buchstaben ordnen muss.
Lass sie von einem anderen Kind ordnen.

 **Lernportion 5: Nachschlagen**

Plenum: beschreiben, in welchen Fällen Wörter nach dem zweiten Buchstaben geordnet werden müssen; erkennen, dass die sichere Beherrschung des Alphabets hilfreich ist

AH 40

① Suche die Wörter in der Wörterliste.
Schreibe die Wörter und die Seitenzahlen auf.

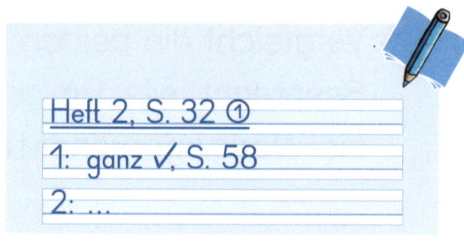

Heft 2, S. 32 ①
1: ganz ✓, S. 58
2: ...

Die **Wörterliste**
findest du ab Seite 57
in diesem Heft.

der **Frosch**, die Frösche
die **Frucht**, die Früchte
früh
der **Fuchs**, die Füchse
füllen
der **Fuß**, die Füße　Ⓜ

G g

ganz
der **Gast**, die Gäste　⚡
geben

Wie heißt

1 das erste Wort beim Buchstaben G?

2 das letzte Wort beim Buchstaben O?

3 das dritte Wort beim Buchstaben M?

4 das erste Wort beim Buchstaben L?

5 das letzte Wort beim Buchstaben N?

 ②

Wie heißt
das erste Wort
mit P?

① Suche die Wörter in der Wörterliste.
Schreibe die Wörter auf.
Notiere die Seitenzahlen.

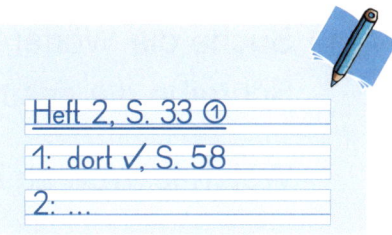

Heft 2, S. 33 ①
1: dort ✓, S. 58
2: ...

| 1 | do⭐t | 2 | pa⭐⭐en | 3 | mo⭐gen |

| 4 | H⭐nger | 5 | ein⭐elnen | 6 | sandi⭐ |

| 7 | Me⭐⭐er | 8 | win⭐en | 9 | i⭐s |

| 10 | W⭐⭐hnachten |

② Suche die Wörter in der Wörterliste.
Schreibe die Wörter und die Seitenzahlen auf.

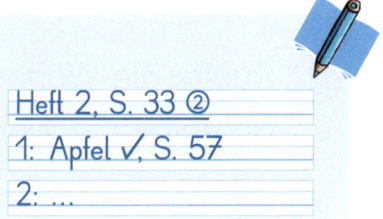

Heft 2, S. 33 ②
1: Apfel ✓, S. 57
2: ...

1  2 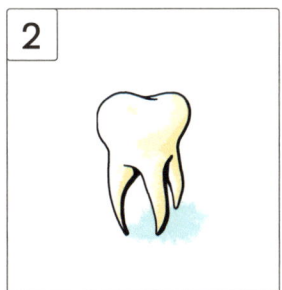 3  4

5 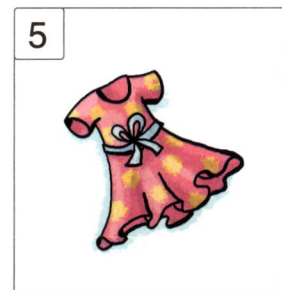 6 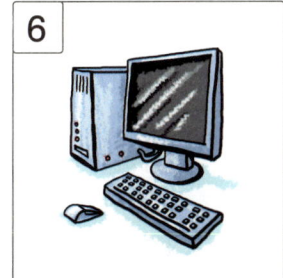 7

(1) Suche die Wörter in der Wörterliste.
Schreibe die gesuchten Wörter auf.

Welches Wort steht **über** dem Wort?

> Heft 2, S. 34 ①
> 1: bald ✓, 2: …

1	**Banane**	2	**graben**	3	**Wort**
4	**Computer**	5	**Herr**	6	**Quark**

Welches Wort steht **unter** dem Wort?

7	**Verkehr**	8	**Note**	9	**winken**
10	**schlau**	11	**gern**	12	**kaufen**

(2) Suche die Wörter in der Wörterliste.
Schreibe die Wörter und die Seitenzahlen auf.

> Heft 2, S. 34 ②
> 1: die Computer ✓, S. 57
> 2: …

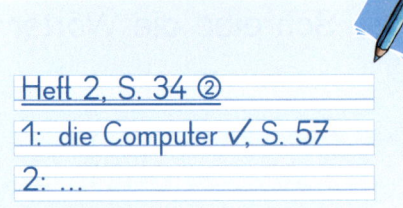

1 Wie heißt die Mehrzahl von Computer?

2 Wie heißt die Mehrzahl von Zoo?

3 Wie heißt die Mehrzahl von Mund?

4 Wie heißt die Mehrzahl von Nudel?

5 Finde drei Nomen mit dem Anfangsbuchstaben W.

6 Finde drei Verben mit dem Anfangsbuchstaben B.

7 Finde zwei Adjektive mit dem Anfangsbuchstaben F.

> Es gibt lang (_) und kurz (.) gesprochene Vokale:
> Hof, Gast.

 1 Ordne die Wörter in eine Tabelle ein.
Setze unter einen kurzen Vokal einen Punkt (.).
Unterstreiche einen langen Vokal (_).

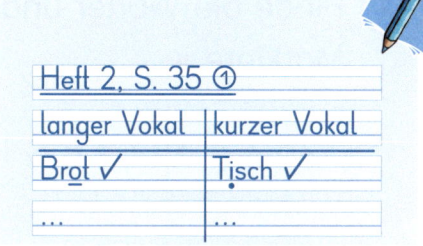

Heft 2, S. 35 ①	
langer Vokal	kurzer Vokal
Brot ✓	Tisch ✓
...	...

Brooooot!

Brot

Tisch

Schaf

Bild

Buch

Hund

Obst

Schiff

Glas

Cent

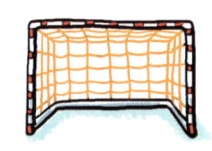

Tor

> Ein **lang gesprochenes i** schreibe ich fast immer ie:
> Brief, viel, Liebe.

① Finde die Wörter und schreibe sie.
Markiere ie.

> Heft 2, S. 36 ①
> Ziege ✓, ...

② Schreibe die Sätze vollständig auf.
Markiere ie.

Lied	Papier	Knie

Brief	sieben	vier

> Heft 2, S. 36 ②
> A: Mit dem Knie können
>   wir unser Bein
>   beugen. ✓
> B: ...

A Mit dem ▢ können wir unser Bein beugen.

B Zwölf minus acht ist ▢.

C Tim hört ein ▢ auf seinem MP3-Player.

D Schneewittchen wohnt im Haus der ▢ Zwerge.

E Lisa schreibt ihrer Oma einen ▢.

F Wir schreiben auf Zettel aus ▢.

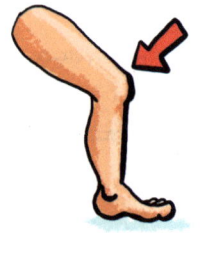

> der Brief
> fliegen
> dieser

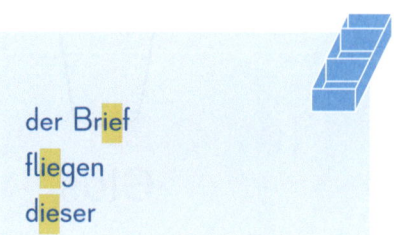

① Suche die sechs Nomen mit kurzem i.
Schreibe sie mit ihrem bestimmten Artikel auf.
Setze einen Punkt unter das kurze i.

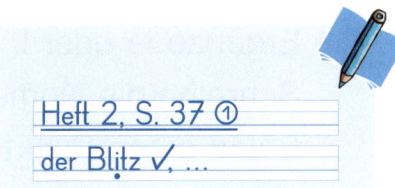

Heft 2, S. 37 ①
der Blitz ✓, ...

B	I	Z	U	T	E	B	L	I	T	Z	K
L	R	I	K	S	E	N	K	J	W	Q	C
L	I	B	R	I	L	L	E	F	F	M	N
F	I	N	G	E	R	K	I	S	V	O	E
I	G	E	S	C	H	W	B	I	L	D	N
Q	I	C	P	T	M	I	K	E	L	D	E
B	I	B	M	I	L	C	H	N	I	S	P
H	G	A	W	I	T	T	O	R	X	I	B
P	F	I	S	C	H	P	I	T	R	E	S
P	E	W	I	W	N	E	N	K	I	P	S

Nur der erste Buchstabe wird großgeschrieben.

② Ordne die Wörter der Geheimschrift zu.

 A

 B

 C

 D

Stift

Birne

Himmel

Wind

Heft 2, S. 37 ②
A: ... ✓

das Bild
der Fisch
der Himmel

1 Ergänze ie oder i.
Schreibe die Nomen auf.
Setze einen Punkt unter das kurze i und
unterstreiche ie.

Heft 2, S. 38 ①
Br<u>ie</u>f, ...

Br▢f

B▢ld

B▢ne

M▢lch

Br▢lle

R▢ng

F▢nger

S▢b

St▢ft

2 Schreibe nur die Wörter mit kurzem i in dein Heft.
Setze einen Punkt unter das kurze i.

Heft 2, S. 38 ②
...

3 Sucht in der Wörterliste jeweils fünf Wörter mit kurzem i und ie.
Lest euch die Wörter gegenseitig vor.

Vor einem **doppelten Konsonanten** steht immer ein **kurzer Vokal**:
Zimmer, Mutter.

① Schreibe die Wörter in dein Heft.
Setze einen Punkt unter den kurzen Vokal.
Markiere den doppelten Konsonanten.

Heft 2, S. 39 ①
A: Zimmer ✓
B: ...

| A | **Zimmer** | B | **kann** | C | **Betten** |
| D | **Mittagessen** | E | **Kissen** | F | **Mutter** |

② Lest euch gegenseitig die Geschichte vor.
Setzt die Wörter aus ① richtig ein.
Wählt ein passendes Ende aus.

Lisa und Tim toben auf den ▮

und werfen mit ▮ .

Die Mutter ruft beide zum ▮ .

Doch sie kommen nicht.

Die ▮ betritt das ▮ und sagt:

– „Kinder, ▮ ich mitmachen?"

– „Wie spät ist es?"

– „Wenn ihr nicht kommt,
esse ich alles allein."

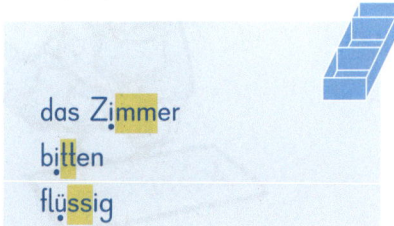

das Zimmer
bitten
flüssig

Wörter mit doppeltem Konsonanten
trenne ich so:
Schlit-ten, sol-len, las-sen.

① Trenne die Wörter.
Schreibe die Wörter getrennt auf.

Heft 2, S. 40 ①
kön-nen, ...

können	kennen	Klasse
Stimme	alles	wollen
treffen	Schlüssel	hallo
sollen	Wetter	müssen
lassen	Zimmer	Treppe

  ②

① Schreibe die Wörter in dein Heft.
Setze einen Punkt unter den kurzen Vokal.
Markiere ck.

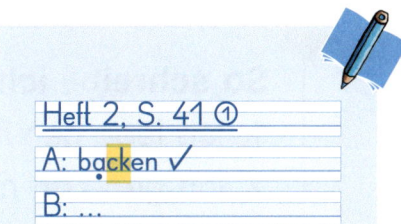

Heft 2, S. 41 ①
A: ba̤cken ✓
B: ...

A	backen	B	Sack
C	dreckig	D	Socke
E	Hecke	F	Röcke
G	Rücken	H	Zucker

② Ergänze die Sätze.
Ordne die Wörter passend zu.
Setze einen Punkt unter den kurzen Vokal.
Markiere ck.

Heft 2, S. 41 ②
A: frühstṳcken ✓
B: ...

frühstücken · lecker · Bäcker

Schnecke · meckert · Zucker

Marie und Mama A zusammen.

Mama hat Rosinenschnecken vom B mitgebracht.

Marie stopft eine halbe C auf einmal

in den Mund. Mama D :

„Oh, dein Gesicht ist voll E !"

„Aber die schmecken so F !",

sagt Marie und grinst Mama an.

die He̤cke
der Ro̤ck
schme̤cken

Lernportion 6: Kurze und lange Vokale

MK-Tipp: eine Liste mit Wörtern mit ck am Computer erstellen

So schreibe ich ein Schleichdiktat
1. Ich lege den Text an eine Stelle und merke mir einen Satz.
2. Ich gehe an meinen Platz zurück und schreibe den Satz auf.
3. Ich schreibe alle Sätze genauso auf.
4. Ich hole den Text und kontrolliere ihn Wort für Wort.
5. Ich verbessere die Fehler.

① Ergänze tz.
Schreibe die Wörter mit tz vollständig auf.
Setze einen Punkt unter den kurzen Vokal.
Markiere tz.

Heft 2, S. 42 ①
A: Katze
B: ...

A Toms Kae ist noch klein.

B Aber ihre Ta__en haben schon scharfe Krallen.

C Damit kann sie ganz schön kra__en.

D Mit ihrer Zunge kann sie ihr Fell pu__en.

E Am Fenster beobachtet sie einen Spa__.

F Am liebsten si__t sie auf Toms Bett.

G Nachts ki__elt sie ihn mit ihren Schnurrhaaren.

 ②

Toms Katze ist noch klein.

die Katze
der Platz
sitzen

Lernportion 6: Kurze und lange Vokale

Plenum: die Vorgehensweise beim Schleichdiktat und seine Anwendung als gute Möglichkeit beschreiben, Lernwörter zu üben
MK-Tipp: Sätze am Computer vollständig aufschreiben, tz jeweils farbig kennzeichnen

D 20

AH 48

> Aus den Vokalen a, o und u in der Einzahl können in der
> Mehrzahl oder in der Verkleinerungsform ä, ö und ü werden.
> Man nennt ä, ö und ü auch **Umlaute**:
> Ball – Bälle, Buch – Bücher, Kopf – Köpfchen.

① Schreibe die Wörter in der Einzahl
und Mehrzahl mit Artikel auf.
Markiere a, o, u und die Umlaute.

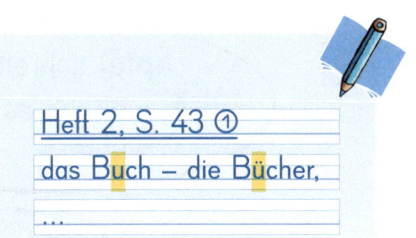

Heft 2, S. 43 ①
das Buch – die Bücher,
...

② Ergänze die Sätze.
Markiere a, o, u und die Umlaute.

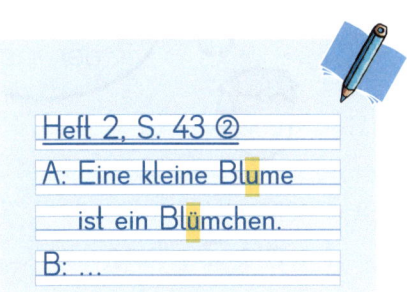

Heft 2, S. 43 ②
A: Eine kleine Blume
ist ein Blümchen.
B: ...

A Eine kleine 🌸 ist ein ▢.

B Ein kleiner 🧺 ist ein ▢.

C Eine kleine 🐈 ist ein ▢.

D Ein kleiner 🐕 ist ein ▢.

Ableiten

Ich schreibe ein Wort mit ä, wenn ich es
von einem Wort mit a ableiten kann:
Hände ↯ Hand, Bälle ↯ Ball.

  ①

Äpfel schreibe ich mit Ä, weil ich es von **Apfel** ableiten kann.

② Ergänze a, ä oder e.
Markiere die Vokale und Umlaute.

die ⭐ste

der ⭐st

die R⭐der

das R⭐d

die Z⭐hne

der Z⭐hn

Wenn ich nicht ableiten kann, schreibe ich das Wort mit **e**:
Hefte – Heft.

die St⭐rne

der St⭐rn

Heft 2, S. 44 ②
Äste ↯ Ast
...

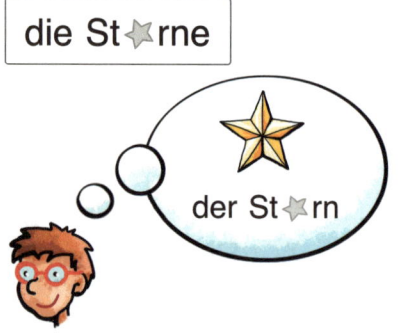

Nächte ↯ Nacht
Hände ↯ Hand
Säfte ↯ Saft

Lernportion 7: Ableiten und verlängern

Ableiten

Ich schreibe ein Wort mit äu, wenn ich es
von einem Wort mit au ableiten kann:

Bäume ↯ Baum, Mäuse ↯ Maus, läuft ↯ laufen.

① Finde im Bild alle Nomen mit äu in der Mehrzahl.
Schreibe die Nomen auf und leite sie ab.
Markiere äu und au.

Heft 2, S. 45 ①
Sträucher ↯ Strauch
...

Wenn ich
nicht ableiten
kann, schreibe ich
das Wort mit **eu**:
Eulen – Eule.

 ②

die Bäume ↯ der Baum
die Häuser ↯ das Haus
die Mäuse ↯ die Maus

Verlängern

Manchmal hören sich **d** und **t** am Wortende gleich an.
Beim Verlängern der Wörter höre ich, was ich schreiben muss:
Hun**d** ↪ Hun**d**e, Bro**t** ↪ Bro**t**e.

① Ergänze **d** oder **t**. Verlängere dazu die Nomen in der Einzahl. Schreibe die Nomen in der Einzahl und in der Mehrzahl richtig auf.

Heft 2, S. 46 ①
A: das Kin**d** ↪ die Kin**d**er
B: ...

	Einzahl		Mehrzahl	
A		das Kin☆		die ▢
B		das Bro☆		die ▢
C		das Ra☆		die ▢
D		das Klei☆		die ▢

Kin... **d** oder **t**?
Die Mehrzahl hilft dir!

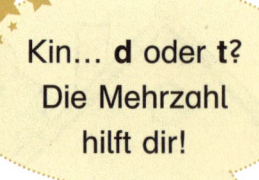

② Setze **d** oder **t** ein. Schreibe die Nomen vollständig mit der Verlängerung auf.

Heft 2, S. 46 ②
Hand ↪ Hände, ...

Han☆   Aben☆   Hem☆

Hun☆   Gas☆   As☆

Freun☆   Pfer☆   Stif☆

das Kin**d** ↪ die Kin**d**er
das Pfer**d** ↪ die Pfer**d**e
das Fel**d** ↪ die Fel**d**er

Verlängern

Manchmal hören sich g und k am Wortende gleich an.
Beim Verlängern der Wörter höre ich, was ich schreiben muss:
Weg ↪ Wege, Ban**k** ↪ Bän**k**e.

① Ergänze g oder k.
Verlängere dazu die Nomen.
Unterstreiche.

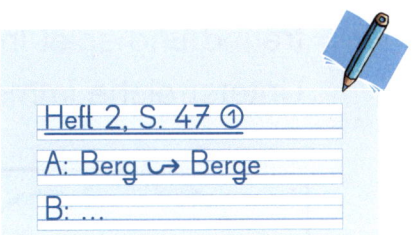

Heft 2, S. 47 ①
A: Berg ↪ Berge
B: ...

A		Ber⭐	B		Schran⭐
C		We⭐	D		Zwer⭐
E		Zu⭐	F		Ta⭐
G		Ban⭐	H		Werkzeu⭐

② Löst abwechselnd die Rätsel.
Entscheidet gemeinsam: g oder k.

Wer oder was ist das?

⭐ Es fliegt in der Luft.
⭐ Du bekommst es zum Geburtstag.
⭐ Man läuft darauf.
⭐ Man kann im Park darauf sitzen.

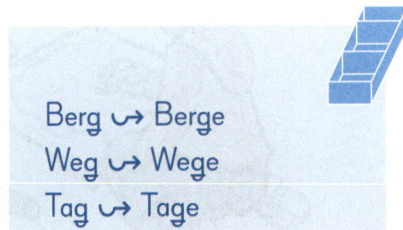

Berg ↪ Berge
Weg ↪ Wege
Tag ↪ Tage

Wörter einer **Wortfamilie** haben den gleichen **Wortstamm**.
Der **Wortstamm** hilft, Wörter einer **Wortfamilie** richtig zu schreiben:
Spielzeug, Spieler, spielen.

(1) Ordne die Wörter der Wortfamilien
freund und spiel in die Tabelle ein.
Unterstreiche immer den Wortstamm.

Heft 2, S. 48 ①

freund	spiel
freundlich ✓	...

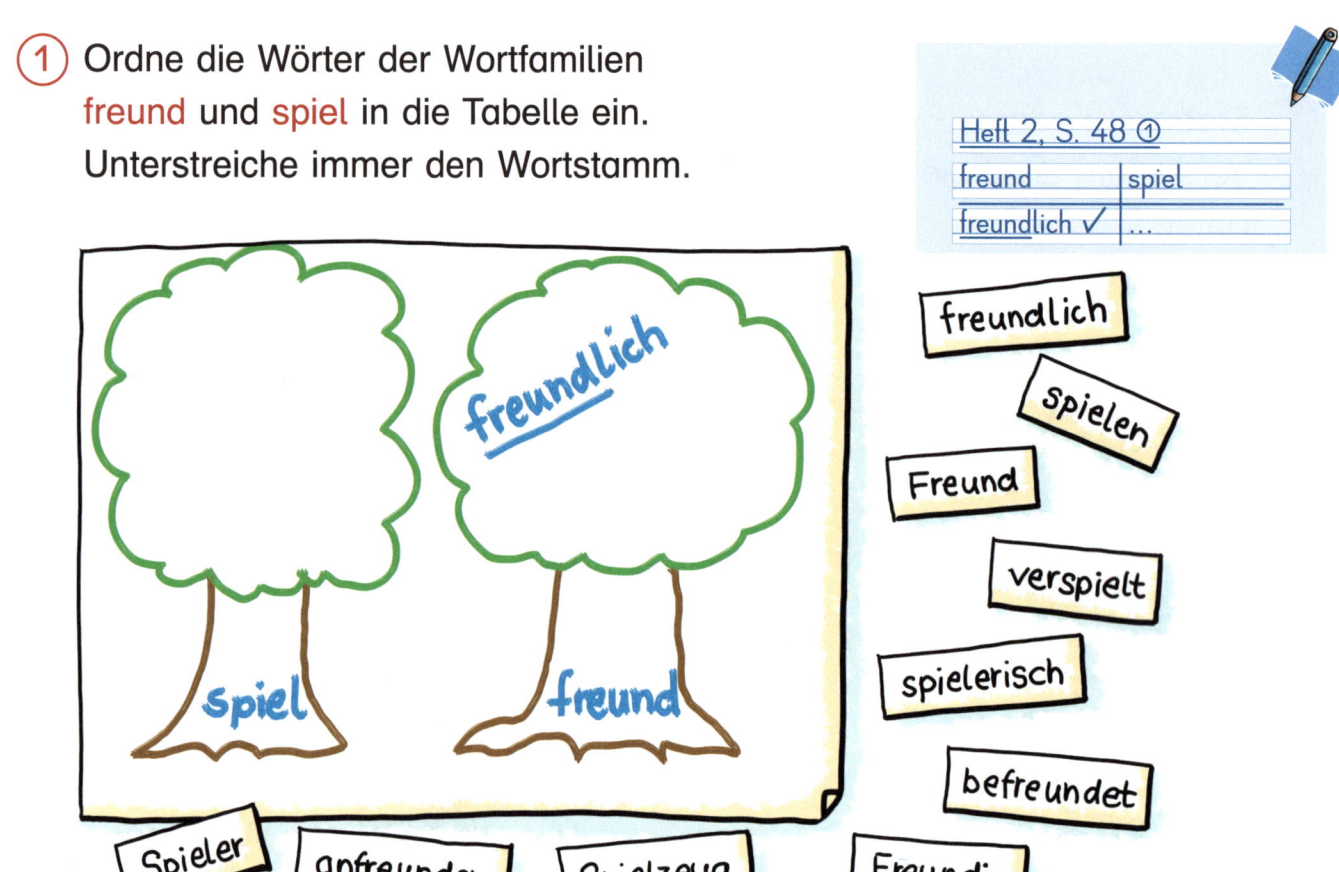

(2)

So schreibe ich ein Dosendiktat

1. Ich schreibe jedes Wort auf ein Kärtchen.
2. Ich nehme ein Kärtchen und lese das Wort genau.
3. Ich stecke das Kärtchen in eine Dose.
4. Ich schreibe das Wort auswendig auf.
5. Ich mache das mit allen Wortkärtchen.
6. Ich hole alle Wortkärtchen aus der Dose und vergleiche.
7. Ich verbessere die Fehler.

 ① fahren   Fahrzeug   Ausfahrt   losfahren

Fahrrad   mitfahren   Fahrt

abfahren   Schifffahrt

Einfahrt   verfahren

② Lies den Text. Ordne die Wörter mit den Wortstämmen schlaf und les in die Tabelle ein. Unterstreiche die Wortstämme.

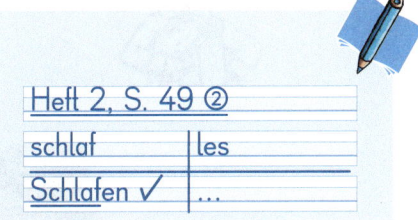

Heft 2, S. 49 ②

schlaf	les
Schlafen ✓	...

Jeden Abend vor dem Schlafen möchte Pauline

etwas vorgelesen bekommen.

Zum Lesen braucht Papa seine Lesebrille.

Manchmal vergisst er sie. Dann singt Papa ein Schlaflied

für Pauline. Danach kann sie gut einschlafen.

AH 60

Lernportion 8: Wortstamm und Wortfamilie

Plenum: die Vorgehensweise beim Dosendiktat und seine Anwendung als gute Möglichkeit beschreiben, Lernwörter zu üben
MK-Tipp: Wörter für ein Dosendiktat am Computer schreiben, ausdrucken und ausschneiden

49

① Ordne die Wörter mit den Wortstämmen
geh und seh in die Tabelle ein.
Unterstreiche die Wortstämme.

Heft 2, S. 50 ①

geh	seh
gehen ✓	...

sehen	weggehen
gehen	Gehweg
Fernseher	Sehtest
geht	ansehen

② Suche dir einen Wortstamm aus.
Schreibe fünf Wörter auf,
die zum Wortstamm passen.

Heft 2, S. 50 ②

...

spiel flieg fahr koch

1 Ergänze ä oder äu und schreibe die Wörter vollständig auf.
Notiere ein Wort aus der Wortfamilie, das dir beim Ableiten geholfen hat.

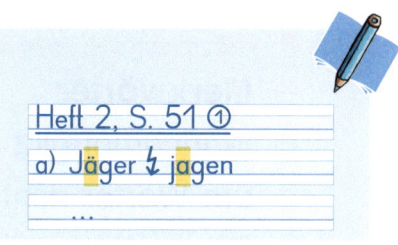

Heft 2, S. 51 ①
a) Jäger ⚡ jagen
...

a

| J⭐ger | B⭐cker | L⭐ferin |

| R⭐tsel | Verk⭐ferin | F⭐hre |

| K⭐lte | W⭐sche | K⭐mpfer |

| H⭐kchen | R⭐ber | P⭐ckchen |

b

A Der Junge tr⭐gt eine bunte Hose.

B Tim kann schon bis 1000 z⭐hlen.

C Der Schnee f⭐llt vom Himmel.

D Die G⭐rtnerin pflanzt Blumen und Sträucher.

E Lisa hat heute Nacht etwas Schönes getr⭐mt.

F Im Herbst f⭐rben sich die Blätter bunt.

G In der Badewanne sch⭐mt es herrlich.

Heft 2, S. 51 ①
b) A: trägt ⚡ tragen
B: ...

Beim Ableiten suchst du passende Wörter aus einer Wortfamilie.

> **Merkwörter**
> Manchmal gibt es keine Regeln,
> um Wörter richtig zu schreiben.
> Diese Wörter sind **Merkwörter**.

1 Ergänze die Sätze.
Ordne die Wörter passend zu.
Markiere den doppelten Vokal.

Heft 2, S. 52 ①
A: Tee ✓
B: ...

| Zoo | Tee | Meer | Moos |

| leer | Haare | Schnee |

Wenn man erkältet ist, soll man viel　A　trinken.

Menschen haben kein Fell, sondern　B　.

Dein Magen knurrt, wenn er　C　ist.

Die meisten Wale leben im　D　.

Wasser kann zu Eis und zu　E　werden.

Im　F　gibt es viele Tiere aus fernen Ländern.

Auf dem Waldboden wächst grünes, weiches　G　.

Doppelte Vokale
sind **aa**, **ee**, **oo**.

2 Lest euch die vollständigen Sätze aus ① gegenseitig vor.

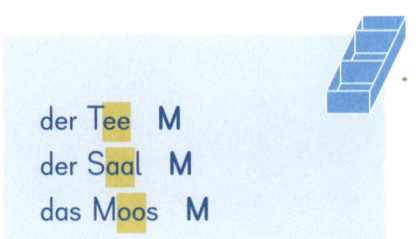

der Tee　M
der Saal　M
das Moos　M

1 Suche die passenden Wörter in der Wörterliste.
Notiere die Seitenzahl.

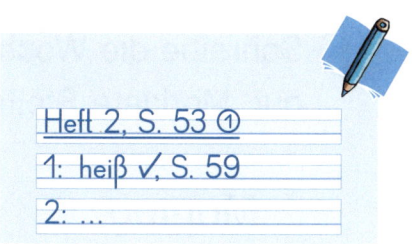
Heft 2, S. 53 ①
1: heiß ✓, S. 59
2: ...

1		h▢	2	 S▢
3	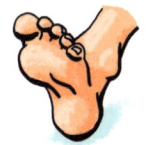	F▢	4	 w▢
5		S▢	6	 g▢
7		S▢	8	 G▢

 2

Großeltern

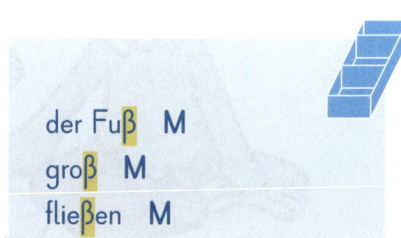
der Fuß M
groß M
fließen M

1 Schreibe die Wochentage in der richtigen Reihenfolge auf. Markiere Stellen, die für dich schwierig sind.

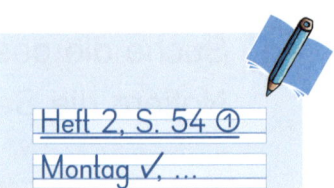

Heft 2, S. 54 ①
Montag ✓, ...

| Montag | Mittwoch | Freitag |

| Samstag | Dienstag |

| Donnerstag | Sonntag |

Ich muss mir besonders die Wochentage mit doppeltem Konsonanten merken.

  2 Löst abwechselnd die Rätsel.

A Wie heißt der dritte Wochentag?

B An welchem Tag müsste man eigentlich freihaben?

C An welchen Wochentagen ist Wochenende?

D An welchem Tag müsste es eigentlich blitzen und donnern?

3

① Schreibe die Monate in
der richtigen Reihenfolge.

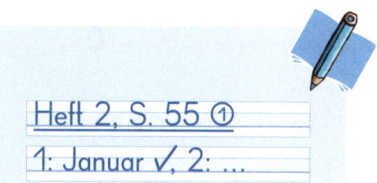

Januar	Juni	Oktober	März

April	November	Februar	August

Juli	Dezember	Mai	September

Heft 2, S. 55 ①
1: Januar ✓, 2: ...

② Ergänze die passende Jahreszeit.
Schreibe den Text auf.

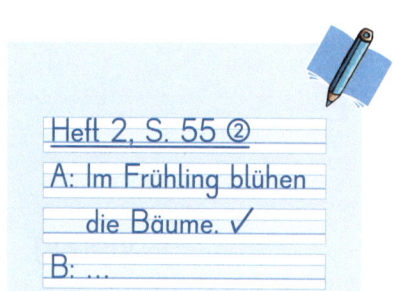

A Im [ ] blühen die Bäume.

B Im [ ], wenn es schneit, fahren wir Schlitten.

C Im [ ] lasse ich Drachen steigen.

D Im [ ] kann ich meine Freunde im Schwimmbad treffen.

Heft 2, S. 55 ②
A: Im Frühling blühen
   die Bäume. ✓
B: ...

① Schreibe zu jeder Zahl das passende Zahlwort auf.

0	5	10	60
1	6	20	70
2	7	30	80
3	8	40	90
4	9	50	100

Heft 2, S. 56 ①
0: null ✓
1: ...

eins　　null　　sieben　　fünfzig　　neunzig

vierzig　　sechs　　zwanzig　　zwei　　acht

drei　　hundert　　zehn　　achtzig　　sechzig

dreißig　　neun　　siebzig　　vier　　fünf

A a

der **Abend,** die Abende

alles

die **Amsel,** die Amseln

der **Anfang,** die Anfänge

der **Apfel,** die Äpfel

der **April**

der **Arm,** die Arme

arm

der **Ast,** die Äste

auch

aufwachen

der **August**

B b

backen

der **Bäcker,** die Bäcker

die **Bäckerin,** die Bäckerinnen

der **Bach,** die Bäche

das **Bad,** die Bäder

bald

die **Banane,** die Bananen

die **Bank,** die Bänke

der **Bär,** die Bären

der **Bauch,** die Bäuche

bauen

der **Bauer,** die Bauern

die **Bäuerin,** die Bäuerinnen

der **Baum,** die Bäume

das **Bein,** die Beine

bequem

der **Berg,** die Berge

der **Besen,** die Besen

bewegen

das **Bild,** die Bilder

ich **bin**

binden

du **bist**

bitten

das **Blatt,** die Blätter

blau

die **Blume,** die Blumen

blühen

bluten

der **Boden,** die Böden

boxen

braun

breit

der **Brief,** die Briefe

bringen

das **Brot,** die Brote

das **Brötchen,** die Brötchen

der **Bruder,** die Brüder

das **Buch,** die Bücher

der **Busch,** die Büsche

die **Butter**

C c

der **Cent,** die Cents

der **Comic,** die Comics

der **Computer,** die Computer

D d

das **Dach,** die Dächer

der **Dachs,** die Dachse

dann

der **Daumen,** die Daumen

dein, deine, deiner

dem

den

denn

der **Dezember**

dich

der **Dienstag,** die Dienstage

dies, diese, dieser

dir
der **Donnerstag,** die Donnerstage ↻
dort
der **Drache,** die Drachen
die **Dusche,** die Duschen

E e

der **Eimer,** die Eimer
einem, einen
einer, eines
einzelnen
die **Eltern**
eng
der **Engel,** die Engel
der **Enkel,** die Enkel
die **Enkelin,** die Enkelinnen
die **Erde**
erst
essen
etwas
euch
euer, eure
die **Eule,** die Eulen

F f

das **Fach,** die Fächer ⚡
der **Faden,** die Fäden ⚡
die **Fahrt,** die Fahrten
fallen
falsch
die **Familie,** die Familien
die **Farbe,** die Farben
fast
der **Februar**
die **Feier,** die Feiern
das **Feld,** die Felder ↻
die **Ferien**

das **Fest,** die Feste
das **Fieber**
der **Fisch,** die Fische
die **Flasche,** die Flaschen
die **Fliege,** die Fliegen
fliegen
fließen Ⓜ
die **Flöte,** die Flöten
der **Flügel,** die Flügel
flüssig ↻
das **Foto,** die Fotos
die **Frage,** die Fragen
fragen
die **Frau,** die Frauen
der **Freitag,** die Freitage ↻
fremd ↻
die **Freude,** die Freuden
der **Freund,** die Freunde ↻
die **Freundin,** die Freundinnen
der **Frosch,** die Frösche
die **Frucht,** die Früchte
früh
der **Fuchs,** die Füchse
füllen
der **Fuß,** die Füße Ⓜ

G g

ganz
der **Gast,** die Gäste ⚡
geben
gegen
das **Geld,** die Gelder ↻
gerade
gern
das **Geschenk,** die Geschenke
die **Geschichte,** die Geschichten
gestern
die **Giraffe,** die Giraffen

das **Glas,** die Gläser

glauben

gleich

graben

groß Ⓜ

die **Großeltern** Ⓜ

grüßen Ⓜ

H h

das **Haar,** die Haare Ⓜ

der **Hafen,** die Häfen

hallo

der **Hals,** die Hälse

der **Hamster,** die Hamster

die **Hand,** die Hände

das **Handy,** die Handys Ⓜ

hart

das **Haus,** die Häuser

die **Haut,** die Häute

die **Hecke,** die Hecken

das **Heft,** die Hefte

heiß Ⓜ

heißen Ⓜ

helfen

hell

das **Hemd,** die Hemden

der **Herbst**

der **Herr,** die Herren

das **Herz,** die Herzen

die **Hexe,** die Hexen Ⓜ

hier

die **Hilfe,** die Hilfen

der **Himmel,** die Himmel

hin

hinter

die **Hitze**

holen

die **Hummel,** die Hummeln

hundert

der **Hunger**

husten

I i

der **Igel,** die Igel

ihm

ihn

ihnen

ihr

ihre

ins

die **Insel,** die Inseln

J j

der **Januar**

jede, jeder, jedes

der **Juli**

der **Juni**

K k

der **Käfer,** die Käfer

die **Karte,** die Karten

der **Kater,** die Kater

die **Katze,** die Katzen

kaufen

kein, keine, keiner

der **Keks,** die Kekse

kennen

die **Kerze,** die Kerzen

kicken

das **Kind,** die Kinder

die **Kirsche,** die Kirschen

das **Kissen,** die Kissen

klar

kleben

das **Kleid,** die Kleider

das **Knie,** die Knie

der **Knopf,** die Knöpfe

der **Koch,** die Köche

die **Köchin,** die Köchinnen

kochen

der **Koffer,** die Koffer

der **König,** die Könige

die **Königin,** die Königinnen

der **Kopf,** die Köpfe

der **Korb,** die Körbe

das **Kraut,** die Kräuter

die **Krone,** die Kronen

die **Küche,** die Küchen

der **Kuchen,** die Kuchen

die **Kuh,** die Kühe

kurz

L l

lachen

die **Lampe,** die Lampen

laut

leben

lecker

legen

leider

die **Leiter,** die Leitern

lenken

lernen

lesen

das **Lexikon,** die Lexika Ⓜ

lieb

das **Lied,** die Lieder

der **Liter,** die Liter

das **Loch,** die Löcher

der **Löffel,** die Löffel

lösen

der **Luchs,** die Luchse

M m

machen

der **Mai** Ⓜ

man

der **Mann,** die Männer

der **März**

die **Maus,** die Mäuse

mehr

mein, meine, meiner

melden

das **Messer,** die Messer

der **Meter,** die Meter

mich

die **Milch**

die **Minute,** die Minuten

mir

der **Mittwoch,** die Mittwoche

der **Monat,** die Monate

der **Montag,** die Montage

morgen

der **Mund,** die Münder

die **Muschel,** die Muscheln

die **Musik**

muss

mutig

die **Mutter,** die Mütter

N n

die **Nacht,** die Nächte

die **Nadel,** die Nadeln

das **Nashorn,** die Nashörner

nehmen

das **Nest,** die Nester

nett

neu

nichts

nie

niesen

noch
die **Note,** die Noten
der **November**
die **Nudel,** die Nudeln
nun
nur

O o

ob
oben
das **Obst**
ohne
das **Ohr,** die Ohren
der **Oktober**
das **Öl,** die Öle
Ostern

P p

packen
das **Paket,** die Pakete
der **Papagei,** die Papageien
das **Papier,** die Papiere
die **Pause,** die Pausen
der **Pfeil,** die Pfeile
das **Pferd,** die Pferde
pflanzen
die **Pflaume,** die Pflaumen
pflegen
die **Pfote,** die Pfoten
der **Pinsel,** die Pinsel
die **Pizza,** die Pizzas Ⓜ
der **Platz,** die Plätze
die **Pommes**
das **Pony,** die Ponys Ⓜ
die **Post**
die **Puppe,** die Puppen
putzen

Qu qu

quaken
der **Qualm**
der **Quark**
der **Quatsch**

R r

das **Rad,** die Räder
raten
der **Raum,** die Räume
rechnen
reden
der **Regen**
reich
die **Reise,** die Reisen
rennen
riechen
der **Rock,** die Röcke
die **Rose,** die Rosen
der **Rücken,** die Rücken

S s

der **Saft,** die Säfte
die **Säge,** die Sägen
sagen
das **Salz**
der **Samstag,** die Samstage
sandig
satt
der **Satz,** die Sätze
sauber
das **Schaf,** die Schafe
der **Schatz,** die Schätze
schauen
schenken
schicken
schlafen

schlagen

schlau

der **Schlitten,** die Schlitten

der **Schlüssel,** die Schlüssel

schmecken

der **Schmetterling,** die Schmetterlinge ↪

die **Schnecke,** die Schnecken

der **Schnee** Ⓜ

schnell

schreiben

schreien

die **Schrift,** die Schriften

das **Schwein,** die Schweine

schwer

sechs

der **See,** die Seen Ⓜ

das **Segel,** die Segel

sehr

sein, seine, seiner

seit

die **Seite,** die Seiten

die **Sekunde,** die Sekunden

selbst

der **September**

sich

singen

sinken

sitzen

die **Socke,** die Socken

der **Sohn,** die Söhne

der **Sonnabend,** die Sonnabende ↪

der **Sonntag,** die Sonntage ↪

die **Soße,** die Soßen Ⓜ

der **Spaß,** die Späße Ⓜ

der **Spaten,** die Spaten

spazieren

der **Spaziergang,** die Spaziergänge ↪

das **Spiel,** die Spiele

die **Spinne,** die Spinnen

die **Spitze,** die Spitzen

sprechen

springen

spülen

die **Stange,** die Stangen

der **Stängel,** die Stängel

staunen

stellen

der **Stempel,** die Stempel

der **Stiefel,** die Stiefel

still

stören

die **Straße,** die Straßen Ⓜ

der **Strauß,** die Sträuße Ⓜ

die **Stufe,** die Stufen

die **Suppe,** die Suppen

T t

die **Tafel,** die Tafeln

der **Tag,** die Tage ↪

tanzen

das **Taxi,** die Taxis Ⓜ

der **Teddy,** die Teddys Ⓜ

der **Tee,** die Tees Ⓜ

teilen

der **Teller,** die Teller

das **Tier,** die Tiere

die **Tochter,** die Töchter

der **Topf,** die Töpfe

das **Tor,** die Tore

tragen

der **Traum,** die Träume ⚡

treffen

trinken

die **Tür,** die Türen

der **Turm,** die Türme

turnen

die **Tüte,** die Tüten

U u

üben

die **Uhr,** die Uhren

und

uns, unser, unsere

unten

unter

der **Urlaub,** die Urlaube

V v

die **Vase,** die Vasen Ⓜ

der **Vater,** die Väter Ⓜ

der **Verkehr** Ⓜ

versuchen Ⓜ

viel, viele Ⓜ

vier Ⓜ

der **Vogel,** die Vögel Ⓜ

von Ⓜ

der **Vulkan,** die Vulkane Ⓜ

W w

wachsen

der **Wagen,** die Wagen

der **Wald,** die Wälder

wann

warm

warten

warum

waschen

das **Wasser**

der **Wecker,** die Wecker

der **Weg,** die Wege

weich

Weihnachten

weinen

weiß Ⓜ

welche, welcher

wem

wen

wenn

werden

werfen

das **Wetter**

wie

wieder

die **Wiese,** die Wiesen

der **Wind,** die Winde ↪

winken

der **Winter,** die Winter

wohnen

der **Wolf,** die Wölfe

wissen

das **Wort,** die Wörter

wünschen

der **Würfel,** die Würfel

der **Wurm,** die Würmer

die **Wurst,** die Würste

die **Wurzel,** die Wurzeln

Z z

die **Zahl,** die Zahlen

der **Zahn,** die Zähne ⚡

der **Zaun,** die Zäune ⚡

die **Zehe,** die Zehen

zeigen

die **Zeit,** die Zeiten

die **Ziege,** die Ziegen

das **Zimmer,** die Zimmer

der **Zoo,** die Zoos Ⓜ

zu

der **Zucker**

zum

die **Zunge,** die Zungen

zur

die **Zwiebel,** die Zwiebeln

Einsterns Schwester 2

Themenheft 2
Richtig schreiben

Herausgegeben von:	Roland Bauer, Jutta Maurach
Erarbeitet von:	Katrin Baudendistel, Daniela Dreier-Kuzuhara, Alexandra Schwaighofer in Zusammenarbeit mit der Redaktion Grundschule Deutsch 2–4
Begutachtung:	Melanie Beckmann (Niedersachsen), Katrin Bertram (Brandenburg), Angelika Borrmann (Schleswig-Holstein), Claudia Hoeschen (Schleswig-Holstein), Alexandra Mangold (Baden-Württemberg), Julia Schäfer (Hessen), Simone Schick (Nordrhein-Westfalen), Carmen Weidhase (Thüringen)
Redaktion:	Sabine Gerber, Milena Lemke, Kristina Meyer, Martina Schramm
Illustration:	Yo Rühmer, Frankfurt am Main
Umschlaggestaltung:	Cornelia Gründer, agentur corngreen, Leipzig
Layout und technische Umsetzung:	lernsatz.de

www.cornelsen.de

1. Auflage, 1. Druck 2022

Alle Drucke dieser Auflage sind inhaltlich unverändert
und können im Unterricht nebeneinander verwendet werden.

© 2022 Cornelsen Verlag GmbH, Berlin

Druck: H. Heenemann, Berlin

ISBN 978-3-06-084853-9 (Themenheft, Leihmaterial)

PEFC zertifiziert
Dieses Produkt stammt aus nachhaltig
bewirtschafteten Wäldern und kontrollierten
Quellen.

PEFC
PEFC/04-31-1156

www.pefc.de